Sumário

1. Introdução
2. A super profissão programador
3. Meu start na programação
4. Adquirindo conhecimento para o primeiro emprego
5. Estágio vale a pena ?
6. Preciso fazer faculdade para ser programador?
7. Cursos online e técnicos
8. Como saber se estou pronto para o mercado
9. A escolha da linguagem de programação
10. Carteira assinada (CLT) ou PJ (Pessoa jurídica)
11. Quanto ganha um programador
12. Nível Júnior, pleno e sênior
13. Soft skill e Hard skill
14. Vida de freelancer
15. Como começar como freelancer
16. Quanto cobrar por um freela
17. Sites para pegar trabalhos freelas
18. Trabalho remoto e home office
19. Como conseguir uma vaga como programador remoto
20. Sites de vagas para trabalho remoto (CLT e PJ)
21. Grupos que anunciam vaga de trabalho para programador
22. Vagas de trabalho na gringa
23. Como atingir o próximo nível rápido
24. Rotina de um programador
25. Especialista ou generalista
26. Como montar um bom currículo
27. O que não colocar no currículo
28. O que falar em uma entrevista de emprego

29. Entrevista de emprego para programador remoto
30. Estratégias para conseguir as melhores vagas
31. Aprender inglês e vagas no exterior
32. Como ficar rico como programador
33. Ferramentas e aplicativos do programador remoto.
34. Podcasts e canais do youtube.
35. Modelo de currículo brasileiro e europeu
36. Modelo de contrato programador PJ
37. Agradecimentos

1. Introdução

Meu objetivo ao escrever este livro foi esclarecer dúvidas de quem pretende se tornar um programador e pretende alcançar a satisfação nessa carreira maravilhosa.

O conteúdo também é para quem já foi iniciado na área e procura evoluir na carreira de forma mais eficiente.

Dou muita ênfase no trabalho como **programador remoto**, pois foi o que me trouxe a maior satisfação desde que iniciei no ramo e isso me possibilitou acelerar ainda mais meu crescimento pessoal, profissional e financeiro.

Hoje moro em uma casa aconchegante no alto da montanha, cercada de lindas praias e rios de águas cristalinas. Uma área rural mas com internet de fibra óptica, um contraste que hoje tem se tornado muito comum e a tendência com os novos satélites de internet (já em testes em 2020), é que teremos liberdade de trabalhar em absolutamente qualquer lugar do planeta com conexão de alta velocidade. Imagine poder passar o inverno em uma cabana em Bariloche curtindo a neve, o verão em alguma praia paradisíaca ou até mesmo vivendo em um motorhome trabalhando sem se preocupar com a internet que será de alta velocidade.

Trabalhar com programação nos permite explorar esse estilo de vida, por isso planejei e tornei possível essa realidade com os passos detalhados nos próximos capítulos.

O conhecimento expresso no livro envolveu minha própria experiência de quase 10 anos na área, que incluiu meu retorno depois de ter me afastado para empreender por 3 anos e os obstáculos que enfrentei para se atualizar, tive oportunidade de entrevistar muitos amigos programadores e principalmente me guiei com todas as perguntas que me fizeram nas redes sociais, em geral por programadores iniciando na área.

Espero que o livro seja um guia e te ajude a tomar decisões melhores, pois elas ditam o seu futuro na programação.

~ Douglas Maehler | @remote.doug

2. A super profissão programador

Gosto do termo super profissão, pelo tanto que a profissão consegue abranger em quesitos de especialidades, vamos entender quantos caminhos um programador pode desbravar.

Todo ano vemos o avanço da tecnologia abrindo novas ramificações e elas exigem um novo tipo de desenvolvimento e acaba se tornando uma nova opção para programadores se especializarem como aconteceu com machine learning, inteligência artificial, segurança da informação entre outros.

Essa grande ramificação na área de programação permite que você tenha mais assertividade na escolha da linguagem que irá se especializar e faz com que você consiga alinhar sua paixão com seu propósito profissional. Existem muitos campos onde a programação é aplicada e você sendo um programador tem o poder de escolha.

Uma das maiores dúvidas de quem inicia na área é qual linguagem de programação escolher e essa pergunta só deve ser respondida depois de encontrar sua verdadeira paixão dentro dessas ramificações.

Eu escolhi ser desenvolvedor web especializado em backend, então foquei meus estudos em 80% backend e 20% frontend. Tomei essa decisão porque sempre tive em mente que um dia construiria um sistema SAAS (**Software as a Service**, é uma forma de disponibilizar software como um serviço, ou seja o cliente paga uma mensalidade e tem acesso a sua plataforma ou serviço) ou Micro-SAAS (que é a mesma coisa mas um sistema menor, mais simples, geralmente em um nicho específico de mercado, um exemplo são sites que vendem domínios ou que criam links curtos como bit.ly).

Essa escolha é a primeira a ser tomada e servirá como um guia para o que estudar, quanto mais curtir o assunto mais êxito você terá porque seu interesse será maior. Então estude o que mais lhe chama atenção. Tenho certeza que ao fim do livro você já saberá qual caminho trilhar.

Na minha visão o mercado atualmente tem se mostrado muito mais aberto a especialistas do que os generalistas na programação (sabe um pouco de cada coisa) e isso é um ponto chave nos estudos, decidir entre se especializar em uma linguagem/framework ou aprender dois ou mais. Essa procura é simplesmente justificada pela alta demanda de profissionais e a necessidade de contratação rápida.

Um especialista em determinada stack (tecnologia / framework / linguagem) consegue tomar ações mais rápidas e programar com mais facilidade no que domina, enquanto programadores que sabem um pouco de tudo levam mais tempo e podem tomar decisões muitas vezes medianas durante a resolução de problemas ou criando novas features (funcionalidades novas do sistema).

Além disso, a alta oferta de vagas com salários tentadores e empresas com culturas muito atraentes têm feito profissionais trocarem de emprego com maior frequência, com isso o custo de ensinar o novo profissional para exercer uma função que ele já domina (um especialista) é muito menor.

Porém em qualquer empresa que você for trabalhar, normalmente irá precisar conectar mais de um framework, banco de dados ou serviço. Então irá adquirir esses conhecimentos de acordo com o ambiente de desenvolvimento formado pela empresa que dificilmente será igual a outras, ou seja, é muito difícil você entrar numa empresa tendo conhecimento em tudo o que ela aplica internamente, então você pode poupar seu tempo deixando para aprender essas tecnologias quando estiver empregado, pois praticando você irá gravar o conhecimento muito mais fácil.

Um exemplo disso foi quando consegui meu primeiro emprego, a empresa utilizava um banco de dados relacional chamado Firebird, meu conhecimento se limitava ao básico de MYSQL, então passei a estudar esse novo banco durante o trabalho trocando conhecimento com os DBA's (Administradores de banco de dados) especialistas da empresa. Consequentemente aprendi muito rápido a utilizar essa nova ferramenta.

O momento não poderia ser melhor para iniciar na carreira como programador, existe uma alta demanda, ótimos salários, empresas oferecendo diversos benefícios, muita exportação de programadores para trabalhar no exterior e a possibilidade de trabalhar de qualquer lugar no mundo.

Ainda temos a vantagem de ter à disposição diversas ferramentas e tecnologias que facilitam o dia a dia e tornam nosso trabalho muito prazeroso. Soluções criadas por quem trilhou caminhos sinistros no passado e deixou muita coisa pronta e mastigada para usarmos, como esses frameworks, editores, compiladores entre outras coisas que usamos no dia a dia.

O programador dos dias atuais não é mais aquele cara que assistimos nos filmes como um cara desleixado, trabalhando numa sala escura nos fundos da empresa e ganhando pouco. Estamos mudando nosso estilo de vida, trabalhando com as empresas mais incríveis da atualidade, criando soluções para o mundo e sendo muito bem pagos por isso.

3. Meu start na programação

Durante minha infância, meu pai que era gerente de laticínios no interior do Paraná, mais precisamente em São Miguel do Iguaçu começou a trazer para casa os computadores da empresa que não funcionavam e componentes eletrônicos.

Aquilo me deixava empolgado pois eu tinha muita curiosidade no que aquilo fazia, então passei a mexer e desmontar, muitas vezes nem conseguia montar mas achava incrível como as peças se encaixavam e até montava brinquedos com elas.

Logo que computadores se tornaram mais acessíveis meu pai comprou um para nós, era um 'pentium' com windows 95. Você comprava revistas de informática que traziam cds de brinde para instalar jogos e programas.

Aprendi sozinho a mexer e fazer as coisas no computador, logo meus pais viram que meu interesse aumentava e me matricularam em um curso de montagem e manutenção de computadores. Comecei a formatar, e nessa época aprendi o básico sobre linux.

Depois de alguns anos a internet ficou mais rápida e eu já jogava jogos online, comecei a ter interesse em criar servidores de jogos ou criar páginas sobre eles.

Foi meu primeiro contato com programação, aprendi a escrever html e css, rodar comandos linux e foi uma paixão, conseguia criar páginas simples e estáticas e disponibilizar numa hospedagem grátis.

Não segui sempre essa ideia de ser programador, não era algo muito comum e no meu caso não tive quase nenhuma influência de pessoas próximas.

Ao terminar a escola tive que iniciar a faculdade (pela insistência dos pais), onde acabei escolhendo engenharia civil. Não durou muito tempo para eu perceber que estava fazendo a coisa errada, fiz toda parte de cálculo e física e quando começou as matérias sobre cimento abandonei a faculdade, nessa época eu já fazia sites para conhecidos e empresas locais nos tempos livres.

Como já tinha bastante experiência criando sites comecei a procurar clientes e logo surgiu uma dúzia deles. Criava sites estáticos institucionais para todo tipo de empresa.

Logo montei minha própria empresa e trabalhos mais complexos exigiram que eu aprendesse alguma linguagem mais dinâmica.

Foi aqui que comecei a estudar mais jquery (javascript) e um pouco de PHP.

Progredi por alguns anos fazendo esse tipo de trabalho e comecei a ter um retorno financeiro muito bom na época, durante esse tempo construí alguns projetos particulares como um site de compra coletiva (que teve um auge na época), uma plataforma de anúncios de imóveis (que não durou muito na minha cidade, poucos se interessavam pois não era algo comum) e até um site de intermediação de pagamentos que serviu um tempo como emissor de boletos para imobiliarias.

Neste último tive bastante dificuldade em liberar serviços bancários burocráticos e ter boas taxas e acabei desistindo.A realidade é que me faltava investimento, visão comercial e administrativa. Lembro que o pagseguro engatinhava ainda esse tempo.

A partir de 2015 com a saída do meu primo da empresa passei a trabalhar full time como freelancer, adquirindo clientes em plataformas como freelance.com, upwork e workana. Passei a utilizar mais Javascript nos projetos e estudar frameworks como NodeJS e Angular, em paralelo aprendi inglês conseguindo pegar até alguns projetos no exterior.

Em 2018 as coisas realmente começaram a ficar bem mais interessantes. Acredito que o auge do hype de frameworks Javascript. Decidi focar de vez na linguagem e abandonar o PHP (isso realmente nunca aconteceu, sempre existiu um legado em PHP para dar manutenção).

Nunca havia trabalhado para uma empresa grande ou em uma equipe que utilizasse metodologias de desenvolvimento ágil e decidi que era a hora, o mercado estava aquecido e as empresas de tecnologia estavam adotando o estilo descolado da google em questão de ambiente de trabalho.

Entrei em uma empresa que fornecia software para a área do turismo, já utilizavam tecnologias atuais como Angular 6, NodeJS, MongoDB e estavam aplicando metodologias ágeis de desenvolvimento e não poderia ter tido um empurrão maior. Passei a criar todo tipo de aplicação utilizando javascript e typescript junto com uma equipe de desenvolvedores sensacionais.

Os projetos me empolgavam e eu aprendia tudo que me disponibilizavam, nossa equipe era pequena mas resolvia qualquer problema.

Uma das chaves para o primeiro emprego, não escolha a empresa que vai te dar mais dinheiro, escolha a que vai mais te empolgar, a que tem projetos mais incríveis e que irá te fornecer o maior conhecimento. Em pouco mais de um ano passei a assumir projetos e viajar para parques aquáticos e hotéis para ajudar a implantar sistemas, eu fazia tudo que precisava. Conforme minhas entregas aconteciam chegava o reconhecimento e os aumentos de salário.

O que acelerou meu desenvolvimento muito (e muito mesmo) foi que durante esse emprego eu ia e voltava para o trabalho de ônibus escutando podcasts e audiolivros.

Tudo que eu tinha de dúvidas eram esclarecidas nos podcasts (lista no final do livro) que eram sobre programação, tecnologia, carreira e autoconhecimento. Ouvir podcasts também aumentava minha empolgação e a vontade em aprender mais. Além disso a empresa na qual eu trabalhava permitia os devs experimentar diferentes tecnologias em prol da melhoria nos produtos.

Como eu almoçava no parque tecnológico onde a empresa ficava, após a refeição eu procurava uma sombra para descansar e continuar a absorver todo esse conhecimento.

Em casa era durante a limpeza da casa e quando lavava a louça, a quantidade de conhecimento que absorvia era imensa então fui pegando os macetes dos programadores mais experientes.

Nunca tive hábito de estudar e ler livros, então o que funcionou para mim foi ouvir áudios sobre o que eu realmente estava interessado durante o tempo que geralmente jogamos fora vendo redes sociais, tv, filmes ou jogos.

É incrível como você se torna outra pessoa a cada dia, o conteúdo soma e você cria um mindset mais aguçado, consegue fazer escolhas melhores e foi ouvindo um desses podcasts sobre trabalho remoto que eu decidi que se tornaria um **programador remoto.**

4. Adquirindo conhecimento para o primeiro emprego

Antes de escolher em qual conhecimento você irá se aprofundar é importante que você entenda a situação do mercado de tecnologia e todas as suas possibilidades.

Como mencionei anteriormente, podcasts sobre tecnologia te ajudam nessa etapa, se você por exemplo almeja seguir na área mobile, escute podcasts sobre mobile e quando tiver dúvidas sobre algum assunto pesquise vídeos no youtube para entender mais.

Quando eu iniciei meu interesse era em aplicações web e logo decidi que javascript era a melhor opção para mim, então eu pesquisava no app podcast do google sobre javascript, angular, nodejs, react, vuejs e escutava o que programadores discutiam e falavam sobre essas linguagens e frameworks.

Quando era mencionado algum termo ou conceito eu logo pesquisava no youtube ou em sites e isso me fez entrar na visão de quem já trabalhava com a tecnologia a algum tempo e sabia exatamente o que estava acontecendo naquele universo, as dicas foram valiosas.

Escolher um conhecimento e ir a fundo nele e dominá-lo, o fará seguir para o próximo com muito mais confiança, então minha dica é primeiro usar os canais de podcast para ganhar um norte na sua jornada e fazer uma escolha mais certeira.

São muitas tecnologias interessantes, porém ficar migrando ou tentar estudar de tudo para 'ter uma base' faz gerar uma certa frustração a longo prazo e insegurança para buscar trabalho. Você acaba se tornando meia-boca em um monte de coisa e não alguém realmente bom em algo.

Não pense que um currículo cheio de coisas que você sabe como funciona é melhor que um só com a especialidade que você domina.

Tenho certeza que essa busca em querer aprender de tudo um pouco é pelo fato de vermos anúncios de vagas pedindo experiência em várias tecnologias, às vezes até para vaga de programador júnior, o que é um absurdo.

Para um programador júnior a exigência deve ser um breve conhecimento da linguagem pois será sua primeira oportunidade, um pouco de conhecimento pré-adquirido demonstra que você é uma pessoa interessada em aprender e isso é suficiente para você conquistar seu primeiro emprego.

Se a empresa exige muito para uma vaga de júnior, melhor você partir para outra, tenha em mente que algumas empresas possuem culturas que só visam lucro e não se importam com a qualidade do que será entregue, criam times de juniores e cobram desenvolvimento sênior (é como se contratassem seu professor do ensino médio para ser cientista de foguetes da NASA). Nessas empresas o programador não consegue evoluir naturalmente e geralmente são instigados a fazer muitas horas extras, pois seu custo é baixo para a empresa.

Para o primeiro emprego procure trabalhar presencialmente em uma empresa fazendo parte de uma equipe, pelo simples fato de que ainda existirão muitas dúvidas de como o processo de construção de um software em equipe funciona e aprender colocando em prática é a chave para o sucesso.

Uma empresa tem bastante dificuldade em instruir o programador iniciante e acompanhar o seu desenvolvimento de forma remota, diferente de um programador pleno por exemplo, que já conhece o fluxo, assume e executa tarefas sem precisar de muita atenção, não que seja uma regra pois existem vagas remotas para programador junior, geralmente em empresas onde foi elaborado um bom **onboarding** (processo pelo qual novos funcionários adquirem o conhecimento, as habilidades e os comportamentos necessários para se tornarem membros eficazes da organização).

Depois de ter adquirido seus primeiros conhecimentos você terá muito mais agilidade e facilidade em trabalhar remoto e poderá usar o tempo ganho para aprender novas tecnologias.

Um conhecimento que muitas empresas têm aplicado são os métodos de desenvolvimento como SCRUM e KANBAN. Esse conhecimento pode ser adquirido com um curso simples ou vídeos no youtube, e com isso você já tem um item a mais e bem valioso em seu currículo pois demonstra que você tem interesse em trabalhar com metodologias que aumentam sua produtividade.

Para sua primeira vaga minha recomendação é ter os seguintes conhecimentos:

- Conhecimento em versionamento de código (ex. Git, GitHub) - Pode ser adquirido no youtube ou em um curso simples (tem gratuitamente na udemy.com).
- Conhecimento básico em uma linguagem de programação (ex. Python, Javascript, Java).
- Conhecimento básico de terminal (de preferência linux).
- Conhecimento básico de IDE - editor de código mais usado para a linguagem escolhida (ex. Vscode, Atom, Sublime, Android Studio, NetBeans, etc).

5. Estágio vale a pena ?

Porque existe o estágio? Estágio serve para você vivenciar uma profissão sem ter conhecimento prévio para fazer a transição para o primeiro emprego. Geralmente o estágio é obrigatório para a grade extracurricular da faculdade, então será que vale a pena fazer?

Acredito que só vale a pena fazer estágio quando você só pode trabalhar 4 horas por dia e no primeiro ano da faculdade, porque nossa profissão permite começar com pouco conhecimento e a curva de aprendizado é bem alta quando se pratica diariamente.

Ao fazer estágio não te darão responsabilidade alguma, provavelmente não participará dos projetos mais legais da empresa e isso não acrescenta muito na sua evolução.

Imagine que além de ir pra faculdade, você faz estágio. São muitas horas 'estudando' e tendo pouca prática real de trabalho. Sua capacidade cognitiva vai estar limitada pelo cansaço. Com isso você terá menos interesse em estudar depois do estágio ou da faculdade e ficará limitado aos ensinamentos da faculdade que são muito ralos em relação à prática.

Trabalhar como programador junior te ensina a acertar e errar, a buscar soluções e conhecimento, pois você tem responsabilidade e está dentro de uma equipe de desenvolvimento. Você vê as coisas acontecendo e quer fazer parte, e isso é realmente muito prazeroso, pois a empresa quer que você aprenda para dar mais retorno e vai te permitir desempenhar funções para você superar suas limitações.

Em uma empresa que passei via estagiários quase dormindo na mesa de trabalho por executar funções repetitivas e chatas e não fazer parte do time de desenvolvimento, trabalhavam em um projeto que não tinha pretensão de ser usado pela empresa e isso acaba sendo muito frustrante.

Além disso, como Junior você tem direito a um salário digno, benefícios dependendo da empresa e talvez o mais importante, estará contando como experiência válida para sua carteira para a próxima oportunidade, ou seja, você pode concluir sua faculdade já estando em um nível avançado de experiência.

6. Preciso fazer faculdade para ser programador?

Para ser programador definitivamente você não precisará de um diploma, mas dependendo do seu objetivo como programador pode ser necessário.

Um dos motivos mais importantes é que ter um diploma te deixa apto para trabalhar em muito mais empresas no exterior, principalmente se você tem vontade de conseguir um visto e morar fora do país.

Aqui no brasil algumas empresas exigem formação ou cursando faculdade porém são casos à parte, geralmente abrem exceções quando se deparam com profissionais experientes.

As empresas sabem que formandos da área de T.I. saem muito 'Crus' para o mercado de trabalho, por isso é importante seguir o exemplo do tópico anterior em sempre buscar conhecimento prático e experiência por fora desde o início.

A realidade é que sabemos que a faculdade é apenas uma base, como a escola, você aprende muita coisa que jamais irá usar. Sem contar que as metodologias demoram para serem atualizadas e se tratando de tecnologia, quando você termina o curso depois de 4 anos muito já se tornou irrelevante. Além disso, pouco é absorvido ou lembrado no futuro.

O que utilizo em minha rotina de trabalho vem exclusivamente de cursos especializados, documentação e experiência de trabalho.

O mais importante eu diria é ir em frente com seu objetivo sem se preocupar tanto com a questão do diploma, a menos que realmente esteja buscando trabalhar em uma empresa específica que exija formação ou mesmo morar no exterior.

Fazer faculdade de software depois de ter iniciado na profissão vai te fazer absorver e aproveitar ainda mais o conteúdo.

Não tente se endividar para conseguir fazer faculdade achando que é o mais importante ou pensando que não pode exercer a profissão sem o 'canudo'.

Também existe a possibilidade de você tirar uma certificação técnica, com peso de diploma, ou seja, reconhecido pelo MEC e aceito como diploma técnico. Essa certificação lhe habilita a fazer concurso público, tirar visto etc.

Precisa ter 2 anos de trabalho tendo experiência comprovada (carteira assinada por exemplo) e realizar a prova. Atualmente essa certificação abrange poucas áreas, como por exemplo a de técnico de informática, mas se seu objetivo em ter um diploma para prestar concursos ou morar em outro país, já seria o suficiente sem ter que ficar anos na faculdade.

Acredito que novas certificações técnicas deverão surgir nos próximos anos, pois o conhecimento em desenvolvimento de software é adquirido essencialmente na prática.

Informe-se sobre `Certificação por competência`, o mais conhecido é do grupo Ietaam.

7. Cursos online e técnicos

É nos cursos técnicos que você vai adquirir a maior parte do conhecimento que utilizará no trabalho.

Realizar um curso prático construindo aplicações passo a passo faz com que você desenvolva um método próprio de pesquisar, analisar e desenvolver. Você grava com mais facilidade a sintaxe e coloca seu cérebro para interpretar aquilo repetidamente, logo você domina o método e tudo fica mais natural.

Mas e como escolher os cursos se existem tantas opções ?

Comece pelos gratuitos. Procure por bootcamps gratuitos ou passo-a-passo construindo alguma aplicação com a linguagem/framework no youtube.

Esses bootcamps gratuitos geralmente ensinam a criar uma aplicação completa na linguagem partindo do zero e isso faz com que você aprenda como os programadores mais experientes realmente o fazem, muitas vezes até versionando código.

Fazer um bootcamp de cada linguagem que você tem interesse ou simplesmente vendo conteúdo sobre a usabilidade delas no youtube te ajudará a entender em qual delas deve focar mais. Você verá a diferença de um programador para o outro desenvolvendo na mesma linguagem e vai adaptar a melhor forma para você. Isso permite que você crie seu próprio estilo de programar usando aquela tecnologia.

Depois de ter experienciado e escolhido qual será sua linguagem/framework de programação você poderá comprar cursos mais completos.

Sites como a udemy oferecem cursos bem baratinhos e plataformas como rocket seat, alura, caelum, devmedia também tem cursos ótimos, um pouco mais caros mas de altíssima qualidade.

8. Como saber se estou pronto para o mercado

Uma grande dúvida de quem está buscando o primeiro emprego é saber se já tem o conhecimento necessário. Se você seguiu a ideia desse livro e aprendeu a base de uma linguagem a resposta é sim você está pronto(a), mesmo que você ainda não domine a tecnologia, mas é capaz de abrir um projeto e entender a estrutura e ser capaz de modificar pequenas partes sem quebrá-lo, você está apto para ser um programador junior.

Isso porque cada empresa tem seu modelo de trabalho, framework, forma de desenvolver então não importa o nível do seu conhecimento inicial, você vai levar no mínimo 3 meses para começar a dar algum retorno para a empresa... e eles sabem disso e não tem como você pegar esse ritmo se não estiver praticando todos os dias, e é isso que você vai fazer no trabalho, praticar todos os dias. Com isso, seu cérebro vai começar a se habituar com a linguagem e tornar aquilo algo natural.

Sei que gera muita dúvida olhar os anúncios das vagas com tantos requerimentos e pensar "nossa, só sei uma dessas coisas"... mas o que acontece muitas vezes é que geralmente quem anuncia a vaga é uma pessoa de RH e não um programador. O gestor decide o que precisa para a vaga, porém muitas vezes o candidato dá match com 50% ou 30% dos requerimentos. Muitos poderiam ter sido contratados, mas ficam com medo só de ler o anúncio e se acharem incapazes.

Para um programador júnior o que conta muito é o soft skill, a vontade de aprender e de trabalhar, o bom relacionamento com as pessoas, pois a parte técnica pode ser adquirida rapidamente.

Então não tenha medo e escolha suas empresas, envie seu currículo, mantenha a tranquilidade nas entrevistas, seja verdadeiro e claro nos seus objetivos e não tenha medo do não pois ele vai te acompanhar a vida toda.

Uma dica valiosa, conquistar uma vaga de emprego tem mais a ver com números, se você aplicar para mais, você terá mais chances de conquistar o job sonhado, então faça uma lista com pelo menos 10 empresas na qual você gostaria de trabalhar começando da que mais lhe interessa para a menor. Envie para as 5 primeiras empresas e aguarde o feedback delas, caso não tenha retorno ligue para saber se receberam. Caso consiga 1 entrevista, passe a enviar para as que restaram na lista (se recebeu de 3 a 5 respostas positivas, faça primeiro essas entrevistas antes de dar sequência na lista).

O ideal é ter no máximo 3 entrevistas em andamento ao mesmo tempo, pois elas podem ser cansativas, às vezes exigirem desenvolvimento de testes e mais do que 3 na semana você vai se sentir pressionado(a).

Uma dica importante! Sempre entregue seus testes mesmo inacabados, não tenha medo do feedback… deixe claro porque não conseguiu concluir e como teria feito se tivesse mais tempo. Capriche na organização do código e no uso de funcionalidades bem estruturadas e auto descritivas, isso vai contar muitos pontos positivos. Algumas empresas enviam o mesmo teste para Júnior e pleno para ver até onde o conhecimento chega.

9. A escolha da linguagem de programação

Tenho visto muitos programadores escolhendo a sua linguagem de programação em função de ganhos financeiros, o que pode ser um grande erro.

O universo da programação permite ter uma enorme satisfação em trabalhar construindo sistemas seja web, mobile, iot, desktop e até games e consequentemente ótimos ganhos financeiros independente da linguagem.

A diferença entre um profissional ganhar bem ou mal é ele ser muito bom no que ele faz. Escolher uma linguagem que não esteja alinhada ao seu propósito vai te colocar em uma direção em que seu interesse diminuirá ao longo desse caminho.

O interesse e a curiosidade serão o seu combustível, o que te moverá incansavelmente sempre que algum problema ou novidade aparecer, sua fome em adquirir conhecimento e criar soluções nunca será saciada.

Mas então como escolher, minha linguagem de programação ?

O primeiro passo é decidir qual direção iniciar, veja algumas abaixo.

1. Construir sites e sistemas web
2. Aplicativos para celular
3. Software desktop
4. Iot e sistemas embarcados
5. Games
6. Cientista/Engenheiro de Dados

Imagine que você terá que pesquisar, ler e escrever todo dia um assunto relacionado à opção escolhida acima, qual delas você acha que não perderia interesse com o passar dos anos ?

Quando gostamos muito de um assunto conseguimos nos tornar mestres nele, pois o interesse é grande. Então o que mais te inspira é a melhor direção para seguir.

Sei que muitos têm interesse em mais de uma opção, mas cada uma exige um estudo muito amplo, então nesse caso o importante é que se escolha uma linguagem que atenda as duas opções que você deseja.

1 - Construir sites e sistemas web

Essa foi a opção que escolhi já muito cedo e me traz até hoje vontade de aprender mais e ler conteúdos sobre o assunto.

Construir sites e sistemas online é uma área muito gratificante, existe uma imensa diversidade de tipos de projetos e as mais diferentes aplicações. Tudo está migrando para web e essa área tem uma demanda imensa.

Já criei sistemas para todo tipo de empresas e negócios como imobiliárias, lojas, construtoras, bancos digitais, hotéis, parques aquáticos, ingressos, e-commerce, lanchonete, contabilidade, recursos humanos entre outros. Cada projeto desses foi único e desafiador, o que me trouxe sempre mais conhecimento e inspiração para querer trabalhar mais com isso.

No desenvolvimento web, um formato que é muito enfatizado é a divisão das responsabilidades do frontend e backend de uma plataforma permitindo você possa criar um servidor que atenda tanto um site quanto a aplicativos móveis, desktop etc.

Com isso, você se depara com vagas específicas para FrontEnd e BackEnd.

- **Frontend**
  Frontend é a parte visual do site, o estilo, a estrutura, os campos, a interação com o cliente, usabilidade. Responsável por coletar as informações e enviar e receber respostas do backend (servidor).

-

- **Backend**

  Backend é onde fica toda regra de negócio de uma plataforma, onde fazemos consulta e alteração em bancos de dados, fazemos cálculos, processamos dados, definimos tudo o que nosso sistema pode ou não fazer.

  Ao receber uma requisição (geralmente via http) o backend processa e devolve uma resposta ao frontend, que também pode ser um app mobile.

- **Full Stack**

  Quando um programador domina as duas partes o chamamos de programador Full Stack, por isso vemos vagas FrontEnd, BackEnd e Fullstack.

  Não é uma regra mas o ideal é que o profissional aprenda as duas pontas mas seja especialista em uma delas.

Para descobrir qual parte se especializar comece testando se você gosta do **frontend**. Caso ainda não tenha tido contato com desenvolvimento web, um bom curso de html e css é o ideal para descobrir. Veja se desperta interesse no processo de criar estilização para páginas como alterar cores, formas e funcionalidades para que a página fique amigável e facilite a vida de quem irá utilizar o sistema.

Se você curtiu bastante essa experiência, você tem uma pegada frontend, trabalhará próximo a um designer de UI/UX.

Se a experiência em construir e estilizar páginas não foi das mais agradáveis e você acha que não leva muito jeito, não desanime. Você pode ser um programador especializado em **backend** e criar serviços incríveis.

2 - Aplicativos para celular

Se você aspira interesse por aplicativos móveis essa é a sua trilha. A criação de aplicativos móveis explodiu no mercado nos últimos anos, esse crescimento acompanhou as vendas crescentes de aparelhos smartphones.

Todo mundo tem um celular hoje e está caçando apps que facilitem a vida ou lhes forneçam satisfação e entretenimento.

As possibilidades são imensas e como na parte web, temos algumas opções para seguir por aqui:

Um aplicativo pode ser desenvolvido em várias linguagens e elas são caracterizadas entre nativo e híbrido, vamos entender:

- **Aplicativos nativos**
  São criados com linguagem nativa do dispositivo utilizando 100% dos recursos e desempenho do aparelho.

Se você é aficionado por produtos Apple e quer se especializar no desenvolvimento para a maçãzinha então sem dúvidas sua linguagem de programação será o swift. Da mesma forma que se seu interesse é focar em desenvolvimento android, teremos o Java ou Kotlin.

- **Aplicativos híbridos**
  A necessidade das empresas de entregarem aplicativos para sistemas operacionais diferentes como Apple e Android e não precisarem reescrever o mesmo código para ambas fez com que o crescimento das ferramentas de desenvolvimento híbrido começassem a se popularizar.
  Anteriormente essa opção era apenas utilizada para criar aplicações simples do tipo web pois geralmente

rodam em uma espécie janela de navegador descaracterizada (view) e ficam limitadas a alguns recursos nativos do dispositivo como controlar ações dentro dele.

Com o avanço dessa técnica frameworks como o React Native (criado pelo facebook) e Flutter (criado pelo google) surgiram e deram quase que todo o poder e performance que uma linguagem nativa oferece, pois como no caso do Flutter ao escrever na linguagem Dart, seu código fonte é convertido em código nativo para a plataforma Android e IOS ao mesmo tempo.

Mas esse caminho não é tão estreito assim, a linguagem Kotlin que veio para substituir java aos poucos tem uma sintaxe mais parecida com a do swift o que diminui a distância entre dominar o desenvolvimento nas duas plataformas.

Agora se o seu interesse é mesmo desenvolver para as duas plataformas sem precisar reescrever o código em linguagens diferentes é melhor considerar utilizar as linguagens híbridas.

As linguagens:

O **Flutter** é framework para criação de aplicativos para android e IOS, utiliza a linguagem de programação criada pelo google, o DART (muito similar a sintaxe do javascript). Ela permite que você construa com um único código apps nativos, ou seja, você irá desenvolver nativo e com grande desempenho nas aplicações além disso a interface gráfica (layout dos apps) segue a style guide (linha de estilo) de cada plataforma, ou seja, você consegue fazer com que o app ios tenha estilo ios e android estilo android.

React native - Aqui você utilizará recursos nativos (apis) da plataforma para renderizar a aplicação, o que torna a experiência do usuário muito mais próxima do que teria em um aplicativo 100% nativo, porém você terá um pouco de limitação na parte de design nativo.

Ionic / cordova - Se você não quer ser um desenvolvedor 100% mobile, mas gostaria de construir apps legais mais não tem essa necessidade de performance, temos o desenvolvimento híbrido com Ionic que roda em uma webview (quase que uma janela de navegador mas com mais recursos) e permite que você entregue rapidamente apps em ambas plataformas. Ionic utiliza cordova para gerar as aplicações. Cordova permite que você gere aplicações não só utilizando ionic mas qualquer outro framework javascript, como estamos falando de uma espécie de 'janela de navegador', seu sistema web pode se tornar um app com poucos comandos no terminal. Já criei aplicativos híbridos para hotéis e parques e eles funcionam muito bem, na época criamos a aplicação web em Angular 8 e utilizamos o cordova para gerar o app para celular e tablet.

3 - Software desktop

O programador de software desktop tem foco em construir e dar manutenção em sistemas executáveis licenciados ou não, geralmente para uso em organizações, como sistema de controle de acesso, ERPs, sistemas de gestão, vendas, etc.

Também permite utilizar e controlar dispositivos periféricos como leitores, câmera, microfone, impressoras entre outros.

Hoje já é possível escrever software desktop utilizando linguagem web como por exemplo javascript. Em 2018 trabalhei no desenvolvimento de um software para parques aquáticos, feito com angular (frontEnd) e nodejs (backend). Em seguida, convertemos a parte do frontEnd para executável com electronjs (usamos o mesmo código em Angular para criar o app híbrido mencionado anteriormente).

Esses terminais utilizavam leitores de cartão RFID, webcam para tirar fotos de sócios, impressora fiscal, impressora de cartão RFID para imprimir carteirinhas e leitor de cartão para pagamentos.

Dessa forma conseguimos criar uma interface gráfica dinâmica, bonita, intuitiva e muito leve.

Ao escolher se tornar um programador de software desktop provavelmente você estará limitado ao trabalho alocado por questões de licenciamento, utilização de dispositivos periféricos, hardware etc.

4 - Embarcados / iot

Como programador iot, você utilizará dispositivos físicos como placas raspberry pi, arduino, entre outros e conectados à rede local ou internet para serem controlados remotamente, seja pelo computador, celular ou tablet.

O mercado mais crescente para esse profissional é o de automações residenciais e industriais.

Você consegue comprar essas placas por um ótimo preço tanto no mercado livre quanto diretamente da china pelo site aliexpress. Comprei algumas placas como raspberry PI e orange PI (paguei +- 10 dólares nessa) para criar alguns projetos e testar a tecnologia. Funciona incrivelmente bem.

Quando fui sócio de um comércio desenvolvi um sistema de vendas e emissão de pedidos para a cozinha, coloquei esse sistema para rodar numa plaquinha dessas e ficava 24hrs ligada, consumindo apenas 12v eu tinha acesso a ela e ao sistema de fora da loja pelo celular onde conseguia acompanhar e lançar vendas em tempo real. Durou mais de 2 anos até eu vender o comércio.

As linguagens mais utilizadas são C, Javascript, Java, python.

Programador de dispositivos iot`s também estarão limitados a vagas presenciais.

5 - Games

O cargo de programador de jogos pode ter diversas áreas de especialização. Também vai exigir um conhecimento em uma ou mais linguagens de programação e conhecer e dominar ferramentas como algumas apresentadas aqui:

Unreal - Criado pela Epic Games, é um kit para desenvolvimento de games na linguagem C++. Com ele você consegue criar jogos em 2D ou 3D. É adorado por desenvolvedores por ser facilmente aplicado em diversos tipos de games. É intuitiva e não exige muito conhecimento em programação.

Godot - É uma ferramenta totalmente gratuita e de código aberto. Para jogos mais avançados é necessário conhecimento na linguagem GDScript. É bem intuitiva e garante uma ótima usabilidade.

Unity - Trata-se do recurso mais usado atualmente para criar jogos em 2D e 3D. Essa ferramenta possibilita a criação de games para diversos sistemas, como Windows, Mac, iOS, Android e Linux. A Unity ainda é usada para desenvolver jogos disponíveis em várias modalidades de consoles. Para usá-la, é preciso ter, no mínimo, um conhecimento intermediário em C#. Você provavelmente deve conhecer alguns jogos feitos por meio dessa ferramenta, como Super Mario Run e Pokémon Go.

Lua - É uma linguagem de programação criada no Brasil muito simples e flexível, o que facilita muito a criação de games e também é utilizada na robótica. Angry Birds e Candy Crush foram desenvolvidos com ela.

6 - Cientista/Engenheiro de Dados

O especialista nessa área lida diariamente com o desafio de coletar e traduzir dados brutos, usar dados para resolver problemas de negócios e prever tendências transformando esses dados em algo mais fácil de analisar.

Qualquer um pode entrar na carreira de cientista de dados, só precisa se familiarizar com as seguintes tecnologias e conceitos:

- Matemática e estatística;
- Programação;
- Banco de dados;
- Machine Learning e Deep Learning;

Hoje as linguagens mais populares entre os cientistas de dados são Python e R.

Em 2019 começou a aumentar muito a demanda por esses profissionais com ofertas de salários de R$ 9.000,00 a R$ 18.000,00 para cientistas experientes.

10. Carteira assinada (CLT) ou PJ (Pessoa jurídica)

Programador Carteira assinada (CLT) - Nessa modalidade de contratação, o programador terá um salário fixo, vínculo empregatício, estará sob os regulamentos do ministério do trabalho e leis trabalhistas, também caso a empresa seja afiliada a um sindicato, estes poderão exercer regras como base salarial para cada cargo. Além disso em sua folha de pagamento ocorrerão alguns lançamentos:

FGTS - Fundo de garantia. Funciona como uma poupança para o trabalhador paga pela empresa, onde todo mês a empresa irá depositar um valor correspondente a uma porcentagem do salário do trabalhador. Esse fundo de garantia você pode sacar quando é demitido sem justa causa, aposentado, caso de doença grave ou quando o governo autoriza saques limitados como vem fazendo atualmente.

INSS - Aposentadoria - Na carteira assinada temos desconto de inss que é um pagamento obrigatório referente a sua aposentadoria, o valor é calculado sobre o valor do seu salário. Quanto maior o salário maior será esse desconto.

IRRF - Imposto de renda - O imposto sobre seu salário, esse valor é descontado e pago pela empresa.

Vale transporte - Caso você precise de transporte a empresa pode descontar parte do valor gasto com ele em sua folha desde que não passe do limite de 6% do salário.

Algumas empresas oferecem outros benefícios como plano de saúde, plano odontológico, entre outros.

Para compararmos com contratos PJ, vamos exemplificar algumas folhas de pagamento CLT para que você entenda quanto você recebe em cada caso (os valores são aproximados e podem variar):

Total recebido em 1 ano: R$ 26.735,00 (sem considerar o valor depositado de FGTS pela empresa que seria de aproximadamente R$ 3.600,00 - É um dinheiro seu mas só pode sacar em momentos específicos)

Valor por hora: R$ 11,14 (200 horas mensais)

Salário

Salário Bruto	R$ 2.400,00
INSS (-)	R$ 258,21
IR (-) 7,5%	R$ 53,01
Total líquido	R$ 2.088,78 (o que você recebe)

Benefícios

Férias após 1 ano (30 dias)	R$ 600,00 (⅓ de salário - taxas)
13 Salário	R$ 1070,00 (já descontado as taxas)
FGTS (acumulado em 1 ano)	R$ 3600,00 (valor aproximado)

fig 1.1 - Exemplo de salário

Como você pode perceber, quanto mais você ganha, maior é o IR (Imposto de renda). De acordo com a faixa salarial é realizado um desconto que chega até a 27,5% (base 2020).

Salário

Salário bruto	R$ 7.500,00
INSS (-)	R$ 713,08
IR (-) (27,5%)	R$ 997,04
Total líquido	R$ 5.789,88 (o que você recebe)

fig 1.2 - Exemplo de salário

Benefícios

Férias após 1 ano (30 dias)	R$ 1.100,00
13 Salário	R$ 2.735,17 (já descontado as taxas)
FGTS (acumulado em 1 ano)	R$ 8.400,00

fig 1.3 - Exemplo de benefícios

Durante seus 30 dias de férias o salário será acrescido do bônus de férias, aqui também possui descontos de IR e INSS.

Total recebido em 1 ano: R$ 70.578,56 (FGTS acumulado aproximadamente R$ 8.400,00)

Valor por hora: R$ 29,40 (200 horas mensais)

Porque é importante saber o quanto vale sua hora? O tempo é seu bem mais valioso, algo que você não pode comprar de volta e quando você troca ele por trabalho, precisa ter idéia do quanto ele está valendo para que você consiga aumentar seu ganho por hora ou simplesmente saber se vale a pena ou não trocá-lo por horas extras ou freelance.

Por exemplo, ganhando um valor de R$ 29,40/hora nesse emprego acima, você realizaria freelance recebendo menos que isso? Apenas se você não soubesse o quanto vale a sua hora, nesse caso ela serve como base do quanto se pode cobrar por um freela.

Além disso, se você pegar freelas para fazer uma grana extra e exigirem nota fiscal, precisará ter um CNPJ aberto, que nesse caso poderia ser até um MEI, porém existem descontos mensais que devem ser considerados ao calcular quanto cobrar por uma hora de freela, vamos entender esses valores abaixo quando uma empresa contrata o programador como PJ.

Programador PJ - Pessoa jurídica - Nesse modelo o programador tem sua própria empresa e todo mês lança uma nota fiscal de prestação de serviços para a empresa contratante, ou seja, sem vínculo empregatício, os seus direitos nesse caso serão todos determinados por cláusulas contratuais.

Este modelo geralmente é adotado por programadores que têm salários mais altos, diminuindo assim os descontos sobre a folha de pagamento.

Mesmo que sem os descontos das folhas, aqui existem algumas obrigações que são as seguintes:

- Pagamento mensal de um contador (Existem opções online que custam em média R$ 90,00).
- 6% a 15,5% de Imposto (depende do prolabore) sobre o valor das notas fiscais emitidas - guia DAS
- GPS - 11% sobre o prolabore - Guia da previdência social.

- Alguns programadores utilizam MEI mas por não estar habilitado a opção programador utilizam como suporte técnico ou algo similar, porém ficam limitados a um faturamento máximo anual que gira em torno de R$ 80.000,00.

No MEI você não paga um imposto sobre a nota fiscal e sim uma taxa única mensal em próximo a R$ 120,00).

- O correto aqui é utilizar a opção de Empresário Individual (EI) ou Sociedade Unipessoal e aderir ao simples nacional.

A porcentagem do imposto varia de acordo com o CNAE da empresa (lista de atividades). Caso você faça parte do Simples Nacional e use o CNAE **6201-5/01** Desenvolvimento de Softwares sob Encomenda (o mais comum), provavelmente você pagará em torno de 15,5% de imposto.

Mas calma, tem um segredo aqui é o fator R que diz que se você tiver um pró labore (retirada de salário) maior ou igual a 28% do faturamento mensal, o imposto cai para 6%.

Mas fique atento, deve-se manter essa retirada mensalmente durante o ano todo. Ao contratar seu contador pergunte sobre o Fator R.

Outra necessidade é a abertura de conta jurídica para recebimento dos pagamentos. Hoje eu utilizo uma conta jurídica gratuita sem mensalidade no banco INTER que me permite emitir boletos e receber transferências, mas também existem outras opções de contas digitais gratuitas.

Como você pode notar, as responsabilidades fiscais e tributárias ficam com o programador aqui e não mais com a empresa, por isso em contrapartida o valor salarial deve aumentar bastante para compensar, lembre-se que você não terá (a menos que negocie no contrato) direito a férias, décimo terceiro salário e FGTS então considere isto ao calcular sua pretensão salarial. Como tem muitas variáveis envolvidas, e tudo é negociável, o comum no mercado de T.I. é vermos **PJ** ganhando entre 30% e 50% a **mais** do que se fossem CLT.

Exemplos de salário PJ (valores aproximados):

Salário (Declarando um Pro Labore de 28% = R$ 1.148,00)

Salário bruto	R$ 4.100,00 (nota fiscal emitida)
DAS (-) (6% de imposto - Fator R)	R$ 246,00
GPS (-) (11% sobre o prolabore)	R$ 125,94
Contabilidade	R$ 90,00
Total líquido	R$ 3.638,05

fig 1.4 - Exemplo de salário

Total anual: 43.656,60
Total por hora: R$ 18,19 (200 horas mensais)

11. Quanto ganha um programador

Vamos aos números mágicos... obviamente existe muita variação por região, tipo de trabalho e tempo de estrada. Sempre percebemos bastante diferença em cidades menores e mais distantes onde o salário acompanha o custo de vida:

Média salarial em 2020

Programador Mobile	R$ 7 – 14 mil
Programador Front-end	R$ 4 – 13 mil
Programador Full-stack	R$ 5 – 15 mil
Programador Back-end	R$ 4 – 14 mil

Fonte: GeekHunter, Glassdoor

Média salarial de programador Javascript em 2020

CLT
Junior - R$ 1.650,00 até R$ 2.400,00
Pleno - R$ 2.400,00 até R$ 4.500,00
Senior R$ 4.500,00 até R$ 10.000,00

PJ
Junior - R$ 2.400,00 - R$ 3.500,00
Pleno - R$ 4.000,00 - R$ 6.000,00
Senior - R$ 6.000,00 - R$ 15.000,00
Senior - (na gringa) - U$ 20/hora ~ U$30/hora

Recentemente um canal do youtube (código fonte tv) lançou uma pesquisa de salário com mais de 10 mil desenvolvedores. Essa pesquisa é referente a 2020~2021. Confere no link: https://pesquisa.codigofonte.com.br/

12. Nível Júnior, pleno e sênior

Existe um certo tabu em falar sobre esses níveis. Eles servem basicamente para determinar o nível de experiência e capacidade do programador.

No geral quem é mais ciente desse nível é o próprio programador, por isso é importante que você saiba como se posicionar.

Programador Júnior - Está em um nível de aprendizado, pega tarefas simples para executar, lógica básica e corrigir problemas simples. Precisa de constante instrução e orientação, geralmente têm de 1 a 2 anos de experiência.

Programador Pleno - Tem boa experiência com a linguagem, domina ao menos uma tecnologia e aplica técnicas sozinho, sabe executar e realizar tarefas de forma independente, enxerga e sugere melhorias nas aplicações.

Programador Sênior - Fornece maior apoio técnico a equipe, sabe tomar decisões mais efetivas baseado em regras de negócio, escolhe melhor a tecnologia a ser utilizada, pode liderar o desenvolvimento, consegue estimar e dar prazo de tarefas e organizar demandas.

Cada empresa tem seu próprio método de avaliar se o profissional dá match com determinada vaga em um nível específico, algumas exigem x anos de experiência com determinada tecnologia mas sabemos que dependendo da dedicação do profissional alguns levam metade do tempo comparado a outros para se tornarem especialistas.

Os testes aplicados durante a contratação são avaliados pela equipe técnica da empresa, o nível será mensurado pela qualidade do código, organização e quantidade de requisitos atendidos.

13. Soft skills e Hard skills

Se você ainda não ouviu falar em Soft e Hard skills, saiba que as empresas na qual você irá se candidatar avaliarão seu perfil utilizando esses dois conceitos então é bom entender para ganhar mais pontos durante as entrevistas.

Soft skills são chamadas as habilidades sociocomportamentais da pessoa, como ela lida com suas emoções e com o mundo a sua volta. Também é relacionado ao caráter, personalidade, crenças e valores.

Alguns exemplos de Soft Sills:

- Paciência;
- Flexibilidade;
- Boa comunicação;
- Senso de liderança;
- Ética;
- Espírito de equipe;
- Capacidade analítica;
- Respeito;

Já as **Hard skills** são as capacidades técnicas do profissional, está diretamente ligado as qualificações obtidas com experiência, cursos, graduação, treinamentos, livros, etc

Algumas Hard skills:

- Proficiência em língua estrangeira;
- Graduação;
- Cursos técnicos;
- Conhecimento em ferramentas;
- Conhecimento em linguagem de programação;

Sabendo disso, perguntas durante uma entrevista de emprego relacionadas a sua vida pessoal, sua rotina, falar de seu histórico de trabalho ou desafios em projetos no qual participou podem dizer muito sobre suas soft skills. Já as hard skills geralmente estarão destacadas em seu currículo.

14. Vida de freelancer

Trabalhar como freela é bastante recompensador, além de ter liberdade de trabalho e definir quanto irá receber também lhe dá possibilidade de expandir para uma agência ou software house. Mas trabalhar assim exige muita disciplina e organização.

Existe a possibilidade de se trabalhar 100% freela ou fazer freelas por uma quantidade limitada de horas.

Alguns trabalhos não exigem que você se formalize para emissão de notas, mas isso limita os clientes. Nesse caso, abra um MEI gratuitamente e terá todos os recursos de uma empresa por um valor mínimo.

Quando iniciei meus estudos com programação passei a construir websites estáticos e comecei a procurar trabalho em minha cidade. Como havia uma demanda boa para construção de páginas profissionais, comecei com alguns trabalhos freelas para imobiliárias, escolas e comércio em geral.

Todo mundo possui parentes, amigos, conhecidos, amigos de amigos e essa pequena rede de pessoas já é suficiente para demandar um bom volume de trabalho freela.

Sempre irá encontrar alguém precisando de algum serviço e para captar esses clientes basta estar visível e deixar claro com o que você trabalha.

Para fazer isso mantenha em suas redes sociais um tratamento mais profissional, divulgue seus trabalhos, crie um portfólio e explore sua rede.

Sempre tenha em mente o valor/hora do seu trabalho, defina um valor mensal ideal e divida pela quantidade de horas que você terá disponível no mês.

A rede cresce rapidamente, projetos maiores e mais remunerados começam a aparecer por indicação.

Passando quase um ano, conforme minha rede crescia, comecei a fechar negócios com empresas maiores, montei minha própria agência web para ter mais credibilidade e emitir notas fiscais.

Com a demanda aumentando precisei buscar conhecimento para elaborar trabalhos maiores, foi então que estudei PHP e banco de dados SQL (mysql) pois era uma das linguagens mais utilizadas (não tinham tantos frameworks como vemos hoje).

Trabalhar como freelancer faz você buscar soluções para problemas diferentes e com isso o ganho de conhecimento é muito alto. Novos desafios irão exigir novos conhecimentos, parcerias podem ser formadas com outros desenvolvedores experientes e dividir a carga de trabalho e o lucro dos projetos.

Trabalhar como freela é uma ótima oportunidade não só para quem está começando para ganhar experiência mas também como forma de incrementar seus ganhos principalmente se você buscar trabalhos freela no exterior (falaremos mais além sobre isso).

No trabalho fixo em alguma empresa o networking aumenta muito, conhecemos desenvolvedores, gestores, comerciais entre outras pessoas ligadas ao seu trabalho. Quando você realiza um trabalho com dedicação, seus contatos ou a própria empresa num futuro próximo podem se tornar clientes, parceiros ou simplesmente podem indicar a outros a qualidade do seu trabalho.

Quando saí de um trabalho em 2018 em uma empresa do setor do Turismo por mudar de estado, a empresa que não possuía cultura remota me ofereceu uma oportunidade de realizar freelas nos projetos em que eu trabalhara nos últimos anos (e isso acontece muito quando se envolve em projetos importantes e deixa um cargo).

Para mim foi muito bom, eu havia migrado para um trabalho remoto como programador PJ e poderia aumentar minha renda fazendo freelas durante a noite ou aos finais de semana.

Sempre mantenha um bom relacionamento com seus gestores e colegas de trabalho, existe um beneficiamento mútuo e aumenta seus soft skills (comportamento e habilidades na forma de se relacionar e interagir com as pessoas - muito avaliado hoje por profissionais de RH).

Depois disso comecei a fechar freelas no exterior utilizando a ferramenta workana e upwork para ter um retorno maior por hora trabalhada.

Muitas oportunidades de trabalho surgem ao realizar um freela, principalmente quando o cliente gosta do serviço e do atendimento realizado, cria-se uma confiança necessária para uma demanda boa de trabalho e também pode virar uma oportunidade de trabalho fixo.

15. Como começar como freelancer?

Imagine o cenário: Uma pessoa ou empresa que tem um problema ou deseja criar um produto e precisa de alguém com determinadas habilidades para executar a tarefa. Para que você possa demonstrar sua capacidade de executar essas tarefas e conquistar o trabalho é importante ter uma boa apresentação como um portfólio que não precisa necessariamente ser de clientes reais, pode-se utilizar projetos criados durantes seus estudos e cursos.

Existem muitos tutoriais passo-a-passo e mini cursos no Youtube, cursos na Udemy e também bootcamps gratuitos e pagos onde são construídas mini aplicações funcionais que podem compor seu portfólio.

O principal portfólio de um programador é sem dúvidas o github, os projetos precisam ter um README bem detalhado de como rodar o projeto e o que ajuda muito é ter o projeto hospedado sempre que possível. Se tiver um website onde consiga organizar os projetos poderá atrair clientes organicamente e investir em publicidade.

Para meus projetos utilizo plataformas como Heroku, Netlify, Vercel, entre outros para mantê-los online gratuitamente.

Outra dica é ter alguns mini projetos prontos para acelerar suas entregas como uma api com fluxo de cadastro e autenticação e também um projeto web que siga esse fluxo pois geralmente é a base de qualquer projeto. Sempre procure manter um padrão de reutilização de código-fonte em que você não precise reescrever a roda.

Fechar parcerias ajudam muito a captar clientes, tive durante muito tempo um parceiro dono de uma empresa de mídia impressa (empresa que faz banner, outdoor, adesivos, cartão de visitas), geralmente quando alguém estava começando um negócio e frequentava a loja dele para criar a parte de propaganda do negócio, e solicitavam serviços como construir uma página web, ele me indicava e todos eram encaminhados para o meu contato.

Outra parceria que fiz foi com uma designer especializada em branding de empresas, cada novo cliente dela que desejava criar sua página era direcionado para meu contato. As vezes ela também criava o layout para que eu transformasse em código.

Sem perceber criamos uma rede, pois também passei a indicar os serviços deles, com isso todos se beneficiavam.

Esses foram apenas dois exemplos das inúmeras oportunidades de se conseguir fontes de trabalhos freela como programador, depois que você começa não param mais de brotar projetos e trabalhos.

Hoje em dia meus freelas diminuíram a ponto de eu quase não fazer mais, em consequência justamente de dedicar tempo para meus projetos novos.

O que é muito importante ao se fazer freela é saber precificar seu trabalho. Ele precisa ser muito bem calculado, pois quando se cobra barato demais você fica preso a um ciclo vicioso de seu cliente em pagar menos, gerando uma certa frustração.

16. Quanto cobrar por um freela

Quando um cliente solicita um orçamento devemos levar em consideração alguns fatores, o primeiro passo é definir quanto vale sua hora levando como base uma expectativa de faturamento.

Quanto você deseja ou precisa ter de renda mensal para estar tranquilo trabalhando como freela? A realidade de cada pessoa é diferente, por exemplo, para alguns R$3.000,00 são suficientes, enquanto para outros R$7.000,00, R$10.000,00 etc...

Esse valor será o valor faturado bruto, sem considerar os descontos. Caso você abra uma empresa MEI (máximo de faturamento R$81.000,00 em 2021) pode-se ter um faturamento de até R$6.750,00 mensais. Seus custos serão mínimos em torno de 5 a 10%.

No caso de PJ esse valor pode variar de 10% a 30% de custos (contabilidade, impostos, inss, etc).

Faça a divisão esse valor de faturamento desejado pela quantidade de horas que deseja trabalhar, por exemplo, considerando trabalhar apenas de segunda a sexta serão 40 horas semanais:

8 horas * 5 dias = 40 horas
40 horas * 4 semanas = 160 horas.
Faturamento desejado: R$7.000,00 / 160 horas
Valor/hora R$ 43,75

8 horas * 5 dias = 40 horas
40 horas * 4 semanas = 160 horas.
Faturamento desejado: R$3.000,00 / 160 horas
Valor/hora R$ 18,75

O que é importante ressaltar é que quando se trabalha como freelancer poderão existir intervalos entre um trabalho e outro onde você não estará recebendo, por isso é importante manter um valor/hora mais alto quando são trabalhos menores.

Na CLT geralmente trabalhamos entre 160 e no máximo 220 horas.

Quando é necessário calcular o tempo que será gasto em um projeto, podemos nos perder facilmente. Todo projeto é passível de atrasos, eles geralmente acontecem.

Cuidado quando for fechar um valor por projeto, lembre-se de calcular o tempo que será gasto em:

- Reuniões sobre o projeto mesmo antes de iniciá-lo (deixe definido uma regularidade por exemplo 1 vez na semana);
- Organizar o projeto;
- Deslocamentos caso haja necessidade de visitar o cliente;
- Atrasos devido a problemas que possam (e provavelmente irão) surgir;
- Tempo gasto em infra: configuração de hospedagem, compra de domínio, configuração de DNS, etc..;
- Testes;

Sempre deixe claro para o cliente que algumas mudanças no decorrer do desenvolvimento estarão sujeitas a acréscimos. Adicione um valor como margem de segurança.

Não esqueça de incluir os custos fiscais/empresariais como por exemplo a emissão da nota fiscal, muitos clientes acabam pedindo essa nota depois do trabalho ser entregue.

Existem algumas plataformas online de freela, as mais conhecidas são upwork e workana onde o valor do serviço pode ser estimado por quem irá contratá-lo (passível de negociação).

Os primeiros jobs precisam ser mais baratos, pois existe uma disputa pelo cliente e por estar começando é necessário adquirir avaliações positivas para se tornar relevante na plataforma.

17. Sites para pegar trabalhos freelas

Aqui alguns sites que sempre utilizei para conseguir freelas:

- https://www.99freelas.com.br/ - Freelas BR
- https://www.crowd.br.com/ - Freelas BR
- https://www.getninjas.com.br/ - Freelas BR
- https://www.truelancer.com/ - Freelas gringos
- https://www.upwork.com/ - Freelas gringos
- https://www.workana.com/ - Freelas gringos e BR
- https://www.fiverr.com/ - Freelas gringos

18. Trabalho remoto e home office

Se você precisa de um pouco mais de segurança com o trabalho para garantir um ganho fixo mensal, procure um trabalho remoto.

Muitos não entendem a real vantagem de se trabalhar longe dos escritórios e vou lhe contar a principal dela: Tempo.

Uma das poucas coisas que o dinheiro não compra é mais tempo, você não consegue ter mais que 24 horas num dia, sendo que 8 delas você estará dormindo... mas temos uma opção onde conseguimos otimizar nosso dia e poupar algumas horas.

O que o trabalho remoto tem a ver com tempo? Uma rotina tradicional em função de se arrumar e deslocar para o trabalho assim como ida e volta do almoço tem em média 2 horas de tempo desperdiçada por dia, isso significa que você não está trocando 8 horas de trabalho pelo seu salário e sim 10 horas, sendo 8 horas realmente trabalhando e 2 horas em função de preparação e deslocamento.

Coloque isso em um ano e terá 480 horas ou melhor 20 dias. Sim, isso mesmo, você pode estar descartando cerca de 20 dias do seu ano em função de deslocamento para o trabalho.

Agora imagine que você utilize esse tempo para ficar com seu filho logo após almoçar, ler um livro, fazer um curso, trabalhar em um projeto pessoal, etc..

Os benefícios são imensos, tanto para o empregado quanto para o empregador. Proporciona uma qualidade de vida melhor, você pode adquirir mais conhecimento, ter menos estresse com trânsito, não correr risco de dirigir todos os dias, não desgasta o carro, já o empregador não tem custo com uniforme, mobília de escritório, diminui as contas de luz e água da empresa e muitos outros.

No início de 2021 já vemos como o home office pós-pandemia afetou os grandes centros, milhares de salas alugadas estão sendo devolvidas e empresas migrando de 30% a 100% para o formato. Escritórios e empresas de T.I. são os principais a aderirem.

Para o desenvolvedor de software o cenário não poderia ser melhor, a oferta de vagas com opção home office disparou, tanto pela escassez de profissionais quanto pelo simples fato de ser mais fácil contratar.

Alguns criam crenças sobre `não conseguir focar`, `tem meus filhos ou minha esposa`, `fico procrastinando' e etc.. são realmente desafios mas que são facilmente contornados com atitudes simples. É como se fosse uma criança que precisa que o adulto fique ao lado o dia todo, pegue na mão e mostre como que faz. A solução para isso é disciplina, cedo ou tarde você vai precisar dela para ter sucesso, melhor que seja o quanto antes.

Acho muito importante o trabalho presencial para iniciantes, junior e estágio pois precisa de um acompanhamento maior, mas se você já tem um nível pleno ou sênior já pode começar a se tornar um profissional remoto e colher os benefícios.

Aprender a trabalhar remotamente como programador te permite ampliar seu alcance, ter salário mais alto em vez de se limitar aos salários da sua cidade, conhecer pessoas do mundo todo, morar em qualquer lugar e estar mais presente em família.

19. Como conseguir uma vaga como programador remoto

Pode parecer difícil, sorte de alguns mas é muito mais simples do que você imagina. As empresas estão aderindo muito a essa modalidade de trabalho. Veja algumas dicas que funcionaram para mim:

- Leia conteúdos de como trabalhar home office, dicas de produtividade (youtube) e anote as informações mais relevantes em um documento do google docs para que durante as as entrevistas de trabalho você possa demonstrar conhecer do assunto e se dedica a ser uma pessoa produtiva, diciplinada e organizada.
- Envie email para empresas que possuem vagas em aberto (mesmo que a vaga seja presencial) dizendo que gostou muito da vaga e da cultura da empresa, mas que mora em outra região e gostaria de saber se existe possibilidade de trabalhar remotamente. Isso me rendeu várias entrevistas para empresas que haviam anunciado vagas presenciais.
- Cadastre seu perfil nos sites listados no próximo tópico como interesse para trabalho remoto, como a demanda é alta as empresas irão atrás do seu perfil.
- Visite os grupos listados no próximo tópico e pesquise por 'remoto' ou 'home office', envie mensagem ou email para as vagas mesmo que ela tenha sido preenchida, pode ser que a empresa esteja abrindo novas vagas e você já garante uma entrevista.

- Crie seu perfil no linkedin adicionando sua experiência e interesses, eu mesmo recebo semanalmente ofertas de trabalho de profissionais de RH para trabalhar remotamente.

20. Sites de vagas para trabalho remoto (CLT e PJ)

Estes links abaixo são os que eu usei para conseguir trabalho algumas vezes. Me renderam várias entrevistas (geralmente eu fazia 4 entrevistas para ter um sim) da última vez eu fui aprovado nas 4 quase simultaneamente e pude escolher em qual empresa eu iria trabalhar.

Primeiro foque em manter seu cadastro atualizado nos sites abaixo com pretensão salarial que você realmente quer.

Aguarde uns dois dias e comece a buscar vagas nos outros canais.

Isso faz com que algumas empresas que estão buscando candidatos com mais urgência entrem em contato com você, são vagas que geralmente são preenchidas mais rapidamente sem muita enrolação nas entrevistas.

Sites para aplicar para trabalho:

- https://www.geekhunters.com.br - Você cria seu perfil e as empresas te enviam propostas (pagam um bônus se você for contratado através deles - 10% do valor do salário).
- https://programathor.com.br/ - Trampos BR
- https://www.remote.io/ - Trampos gringo
- https://angel.co/ - Trampos gringos em startups

- https://trampos.co/ - Trampos BR
- https://www.gupy.io/ - Trampos BR
- https://www.linkedin.com/feed/ - Mantenha seu perfil atualizado

21. Grupos que anunciam vaga de trabalho para programador

Telegram
- https://t.me/vagastiportugal - Trampos Portugal
- https://t.me/vagastibr - Trampos BR
- https://t.me/joinchat/LM5OCESUIFDvft2lyia7Uw - Trampos BR
- https://t.me/tivagasdev - Trampos BR

Facebook
- https://www.facebook.com/groups/vagastibh/ Trampos BR e Portugal
- https://www.facebook.com/groups/findjobvagasti/ Trampos BR
- https://www.facebook.com/groups/tidevagas/ Trampos BR
- https://www.facebook.com/groups/499755346884621/ - Trampos irlanda
- https://www.facebook.com/groups/vagasdev/ Trampos BR
- https://www.facebook.com/groups/1083261215063754/ Trampos Remotos

22. Vagas de trabalho na gringa

O brasileiro é muito bem visto fora do país na área de T.I. Muitos têm medo de aplicar para vagas internacionais por não serem fluentes.

Não é a língua oficial no nosso país e não praticamos diariamente, mas os recrutadores lá fora sabem disso. Eles entendem que o novo idioma do candidato está num processo de `getting better`, ou seja, `melhorando` e esse avanço será muito maior a partir do momento que começar a vivenciar e praticar.

Recentemente uma amiga que trabalha na Irlanda para Microsoft comentou que algumas vezes ela mesmo não entende algumas pessoas falando por conta do sotaque e que outros desenvolvedores contratados na mesma empresa começam com inglês intermediário e evoluem naturalmente para o fluente.

A dica é que durante a entrevista basta saber conduzir a conversa, preparar um roteiro e estudá-lo . Quanto mais entrevistas participar melhor você vai ficando e mesmo que na primeira não der certo você terá inúmeras oportunidades.

A demanda por profissionais da área de T,I, é global, então empresas de países mais desenvolvidos acabam ofertando vagas com salários mais altos, muitas patrocinando vistos de trabalho inclusive. Essa oferta é tão tentadora que tem ocorrido uma exportação em massa de profissionais mais experientes.

A grande vantagem aqui é a diferença do câmbio da moeda que é mais valorizada que a nossa. Nem sempre se mudar para outro país pode ser uma vantagem, muitos têm visão romântica dos países de fora por serem de `Primeiro mundo` mas a realidade em questão de custo de vida e saúde pode mudar um pouco essa visão.

No Brasil se criou uma 'proteção' para funcionários por conta das inúmeras leis trabalhistas que você não vai encontrar fora daqui. A rede de saúde como o SUS, por pior que pareça, é em muitos casos superior a rede pública de alguns países mais desenvolvidos. O valor de aluguel também é conhecido por ser bastante alto, o que muitas vezes compromete boa parte do salário do profissional.

Se seu propósito é viajar e conhecer outros países, procure por empresas que ofereçam vistos, mas se seu objetivo é crescer financeiramente, a melhor opção é conquistar uma vaga remota lá fora ganhando em dólar ou euro e morar em uma cidade com custo de vida baixo aqui no Brasil.

Existem empresas e pessoas especializadas nesse trâmite de vistos de trabalho (visa sponsor) que podem ajudá-lo no processo. Além disso temos várias plataformas que oferecem vagas com visto, ou apenas trabalho remoto para lá... algumas delas são:

- https://vanhack.com/ - Canadá
- https://www.honeypot.io/ - Europa jobs
- https://www.visaok.in/ - Global
- https://relocateme.eu/ - Global
- https://hnhiring.com/ - global
- https://angel.co/ - jobs em startups - global
- https://developers.turing.com/ - Remoto U.S jobs

23. Como atingir o próximo nível rápido

Primeiro passo é estar trabalhando em uma empresa pelo menos como Junior, evite estágios a menos que você só tenha 4 horas por dia para trabalhar. Isso porque o estágio não vai contar para seu nível de programador subir.

Dica caso seja seu primeiro emprego, faça uma lista das empresas na qual você gostaria de começar a trabalhar na sua cidade, veja que linguagens eles usam de programação, escolha a linguagem que você mais se identificou e faça um ou dois cursos bem focados nela direto durante uma semana ou duas e visite essas empresas com seu currículo.

Coloque sua experiência, o que você tem estudado, se construiu projetos durante o curso mantenha eles hospedados no github e deixe o link no currículo.
Você vai demonstrar que tem conhecimento e já pode começar dando algum retorno para a empresa, isso vai aumentar muito o interesse da empresa por você, pois está sendo focado em uma linguagem só em vez de buscar um pouco de tudo e também por aprender sozinho.

Deixe claro que é seu primeiro trabalho e se identificou muito com a empresa e quer poder fazer parte e contribuir.

Enquanto você estiver empregado, sua experiência em projetos, desenvolvimento estará aumentando dia após dia. O que me fez se desenvolver duas ou até três vezes mais rápido foram as seguintes atitudes:

- Pegar quase tudo para fazer quando o assunto é desenvolver. (Se mostrar prestativo e lembre-se quanto mais difícil é a atividade que te passaram, mais você vai aprender)

- Escute podcast sobre programação (lista no final) - Faz com que você entenda melhor como funcionam as coisas nas empresas, em projetos, abre novos caminhos, traz novidades sobre nossa área e muda nossa forma de pensar.
- Não faça muitos cursos diferentes (Seja muito bom em uma coisa, se torne referência nessa linguagem/framework na sua empresa, quando dominar completamente ela comece a aprender coisas que são complementos dessa linguagem)
- Não vá na onda dos seus colegas (Muitos deles não tem perspectiva de crescimento... lembre-se: você é a média das pessoas com quem você anda. Procure estar próximo aos que fazem as coisas acontecerem na empresa.

24. Rotina de um programador

O dia a dia de um programador varia por empresa, mas caso a empresa utilize metodologias ágeis a rotina é composta por uma reunião diária (daily em geral 15 minutos) para que o time alinhe o que cada um está fazendo e em um dia da semana é feito uma weekly (geralmente na segunda-feira) para se definir o que será prioridade na semana, mas como tudo isso não é uma regra, algumas empresas evitam excessos de reuniões.

Nessas reuniões geralmente o PO (Product owner - Pessoa responsável por definir o que será construído ou melhorado no produto) ou o Team leader apresenta (na weekly) a sprint da semana (tudo o que será desenvolvido na semana) nesse caso trocamos opiniões sobre prioridades, melhorias e correções. Quando ocorrem atrasos no que foi estabelecido para desenvolvimento na semana, analisamos e ajustamos na semana seguinte.

Depois disso, as tarefas estão geralmente em um kanban board como trello ou Jira por exemplo onde cada uma delas está pronta para ser assumida por um desenvolvedor e evoluir ao longo do quadro, seja um bug (problema), melhoria ou feature (nova funcionalidade).

Quando uma tarefa é grande demais e pode levar mais de uma semana ou um mês, chamamos ela de epic, nesse caso quebramos a tarefa em várias tarefas menores para que possam ser feitas em partes, com isso temos mais controle sobre tempo que ela leva para ser finalizada e também possibilita que mais desenvolvedores trabalhem para finalizá-la com mais rapidez.

Cada desenvolvedor faz sua tarefa, mantendo contato via chat e nos momentos que temos dúvidas ou dificuldade consultamos os colegas ou pesquisamos uma solução.

Eventualmente chamamos algum colega para uma chamada de vídeo para demonstrar alguma situação que acontece durante o desenvolvimento.

A marcação do ponto de início e pausa no trabalho geralmente é um aplicativo da própria empresa ou alguma ferramenta online como por exemplo o toggl (http://toggl.com) que é excelente para marcar seus horários de trabalho inclusive se você faz freelas. Sempre utilizei ela no plano gratuito e ela atende perfeitamente.

Em ambas empresas sempre tive liberdade de horário, então caso precisasse sair pela manhã ou à tarde bastava comunicar o time da ausência e cumprir essas horas em outro horário ou outro dia. Essa grande vantagem permite que você trabalhe nos horários que é mais produtivo e aproveite melhor o seu dia.

25. Especialista ou generalista

Como mencionei nos tópicos anteriores, sou um defensor da ideia de ser especialista antes de procurar aprender linguagens e frameworks diferentes.

Durante uma entrevista de emprego, logo após retornar de uma jornada não bem sucedida de empreendedorismo, o gestor ao ler meu currículo me perguntou... mas afinal você é bom em que?

Eu não tinha percebido por esse ponto de vista, como eu tinha bastante experiência mas havia migrado bastante, me preocupei apenas em por tudo o que até aquele momento eu havia aprendido e estudado, mesmo que a muito tempo e fez com que meu currículo dissesse 'eu sou meia boca em tudo isso aqui' e eu realmente não sabia no que eu era bom.

Pelas palavras do gestor 'Faltava foco'. Era exatamente isso, eu havia feito tudo o que me interessava mas não me concentrava em ser muito bom em uma coisa, foi aí que ele me deu a oportunidade de melhorar aquilo... me falou para focar que eu teria maior êxito.

Atualmente vejo muito isso durante as entrevistas de emprego na qual eu participo para contratação de novos desenvolvedores. O excesso de informação e novidades na área tem feito profissionais migrarem de tecnologia sem entender ela como um todo, quando precisamos de um programador focado em backend por exemplo vemos muitos que sabem o básico em duas ou 3 linguagens e frameworks diferentes.

Um tempo depois eu li o livro "A única coisa" de Gary Keller, que mostra realmente isso, como a gente fica ao focar em mais de uma coisa ao mesmo tempo e o quanto é benéfico focar em uma única coisa por vez, isso não se aplica apenas a programação mas em qualquer coisa na vida (você pode procurar um resumo do livro no youtube).

Passei a estudar somente o que a empresa utilizava que era javascript e o framework NodeJS.

Fizemos várias APIs e fui ficando realmente muito bom naquilo, tudo que aparecia para ser fazer eu procurava pegar para praticar.. até que então comecei a me interessar pelo frontend que eles utilizavam na época era o angular 6 que utiliza a linguagem typescript (praticamente javascript com ainda mais recursos).

Peguei gosto pelo framework e passei a desenvolver mais como fullstack mas foi bem depois de fixar meus conhecimentos em backend com o nodeJS, incluindo aprender sobre docker, aws, microsserviços, bancos de dados relacional e não relacional.

Depois disso passei a olhar meu currículo de outra forma, colocando bem menos coisas e deixando claro para o recrutador: ele é bom nisso!

Quando você faz uma entrevista e demonstra seu alto conhecimento em determinadas tecnologias que vão agregar muito valor para a empresa e para o seu futuro time, você ganha margem para negociar o seu salário.

26. Como montar um bom currículo

Dizem que um currículo bem elaborado aumenta em até 50% sua chance de conquistar uma entrevista de emprego, eu acredito que chega a ser até mais.

Conversei com alguns recrutas da área de T.I que contratam diariamente e aqui vai algumas dicas:

1. **Informações pessoais organizadas, relevantes e CORRETAS.** (nome, telefone de contato, email, link do perfil no linkedin (é bom construir uma rede de contatos, comece com seus amigos, pois alguns deles pode ser referência para uma possível entrevista), link do perfil no github (é legal que você tenha algum projeto lá, pode ser de algum tutorial bem simples mesmo que seja uma só tela, porque demonstra que você está apto a utilizar essa ferramenta.
Tome muito cuidado ao escrever seus dados de contato, principalmente o telefone, se possível deixe um número reserva.

2. **Posição desejada e pretensão salarial.** Saber o que quer e onde quer chegar é importante então deixe claro aqui se você pretende trabalhar como programador FrontEnd, BackEnd ou FullStack mesmo que você saiba apenas a linguagem e nenhum framework por exemplo deixe claro seu interesse pois se você não escolher, eles irão escolher por você.
A pretensão salarial é legal que você pesquise e fale com amigos da área para saber qual a média salarial para o cargo que você está buscando. Na internet temos alguns sites como o GlassDoor (www.glassdoor.com) que mostra os salários praticados em cada empresa.
Caso a empresa tenha anunciado um salário para a vaga você pode por um valor a mais e justificar que você tem determinados custos com estudo, moradia ou algo do tipo etc.

Quando se tem mais experiência é possível usar como argumento seu histórico e valor a ser agregado.

Não pense que todos são muquiranas e querem te pagar o mínimo possível, as empresas tendem a ter uma margem para contratação em cada vaga e às vezes basta pedir, se você não pedir te darão o valor base.

3. **Histórico de trabalho**. (caso você tenha experiência na área) - Onde trabalhou, tecnologias utilizadas (linguagem, framework, banco de dados, etc) e suas conquistas durante cada trabalho, por exemplo algum projeto bacana que tenha feito, desafio superado, etc. Caso esteja migrando de outro ramo, evite colocar informações demais sobre outros trabalhos, o ideal é que nem apareçam... a menos que seja algo que realmente agrega valor e você acha necessário colocar como atendimento ao cliente, caso tenha trabalhado com produtos similares não sendo programador e coisas do tipo.

4. **Conhecimento e experiências que tenham relação com a vaga.** Adicionar conhecimentos que não irão agregar valor à empresa devem ser eliminados.
Utilize essa parte para descrever os cursos realizados, estágio, se você faz ou fez faculdade.
Exemplo:
Cursos técnicos:
NodeJS e MongoDB - Em andamento
Javascript avançado - udemy - Conclusão 2020
Github expert - YouTube - Conclusão 2020

27. O que não colocar no currículo

- **Não mentir para parecer que sabe mais** - Provavelmente você será questionado sobre cada item do currículo e perderá toda sua credibilidade caso a pessoa que estiver entrevistando perceber alguma coisa que você está ocultando, além disso geralmente depois da entrevista com o RH você terá uma entrevista técnica com alguém do time que irá participar e lhe perguntará sobre seu conhecimento.
- **Não coloque descrições grandes** - Também jamais faça relatos sobre acontecimentos ou se gabar sobre algo feito e muito menos falar mal de empresas ou colegas do passado.
- **Não coloque o que você não sabe.** Principalmente se está iniciando, pois ninguém começa sabendo tudo. E mesmo que você não tenha os requisitos para a vaga, não justifique no currículo, pois ao ler seu currículo já saberão isso, só justifique se perguntarem na entrevista.
- **O que você quer aprender ou um curso que ainda não iniciou.**

Durante a entrevista você terá tempo para explicar suas conquistas e acontecimentos então uma breve descrição é mais que suficiente.

28.   O que falar na entrevista de emprego

Então você arrumou uma entrevista e está cara a cara com a pessoa do RH, e agora? Vamos as principais regras aqui:

1- Mantenha a calma. A maioria das pessoas ficam nervosas durante a entrevista e é algo natural. Todo mundo passa por esse momento e não será diferente para você.

2 - Estude seu currículo. Ler seu currículo e entender seu momento é importante e traz tranquilidade para explicar o porquê de cada passo dado além de ajudar a dar uma visão de onde você quer chegar.

Como seu currículo foi bem resumido, você poderá explicar mais sobre ele na entrevista, ao ser perguntado sobre uma experiência ou um curso você pode dizer o quanto aquilo foi significativo para você, ou seja o quanto você gostou de aprender aquilo.

2- Deixe que a pessoa conduza a entrevista. Não se preocupe pois a pessoa que entrevista faz isso diariamente e sabe muito bem que perguntas fazer, então deixe que ela conduza a conversa e tente se concentrar na vaga e se mostrar interessado(a).

3 - Estude a empresa e pergunte ao final da entrevista. Pesquise nas redes sociais, veja as postagens da empresa, matérias que ela publica, seu site e seus projetos e procure entender o que ela faz.

Memorize algumas perguntas que gostaria de saber sobre a empresa, como que produtos ela é mais especializada ou qual o tamanho da equipe, se usam certas metodologias, se possuem plano de carreira, etc. Isso demonstra bastante interesse da sua parte em compor aquele time e você já se destaca dos outros que apenas respondem perguntas.

29. Entrevista de emprego para programador remoto

Com a pandemia de 2020, as empresas foram forçadas a migrar para o trabalho remoto e não foi diferente com as entrevistas de emprego. Muitos profissionais de RH se sentiram tão nervosos quanto os entrevistados por nunca terem participado de uma chamada online com um candidato, então o que muda de uma entrevista presencial para a online?

Nada. Isso mesmo, o objetivo de uma entrevista é ver se o candidato é compatível com a vaga e com a cultura da empresa e estar através de uma chamada de vídeo não interfere nesse objetivo.

Mas algumas precauções devem ser tomadas para suas entrevistas remotas:

1 - Vista-se como se fosse presencialmente. Não precisa usar terno ou roupa social a menos que você se sinta confortável em usar. Empresas de tecnologia geralmente não usam vestimentas formais, mas não exagere, uma camisa social ou uma camiseta bem ajeitada, sem chamar muita atenção. Você não vai querer a outra pessoa pensando mais na sua camisa do que nos seu profissionalismo

2 - Esteja conectado com uma internet de alta velocidade. Ter uma conexão ruim como via rádio pode dificultar as coisas, principalmente porque você poderá participar de reuniões e não vão querer você indisponível toda hora. Uma internet de 10 megas já deve dar conta, mas como é para seu ganha-pão eu indicaria uma de pelo menos 20 ou 30 megas. Você pode fazer testes de conexão uma hora antes da entrevista no site www.minhaconexao.com.br ou www.speedtest.net.

3 - Evite locais barulhentos. Por mais que algumas coisas possam acontecer como vizinhos furando a parede, cachorros latindo, bebe chorando (e isso ser algo normal), pode dificultar a conversa e o entrevistador querer terminar mais cedo.

Durante uma entrevista isso pode tirar tanto o seu foco quanto da pessoa que o entrevista e pode tornar o bate papo não tão agradável como deveria. Então, caso tenha algo acontecendo no dia da entrevista procure se fechar em um quarto, avisar as pessoas da casa ou até mesmo ir na casa de algum parente ou amigo caso esteja realmente ruim.

4 - Use fones de ouvido e teste antes. Faça uma chamada para seu celular ou de outra pessoa e garanta que seu fone de ouvido esteja funcionando perfeitamente. Usar fones ajuda a reduzir os ruídos externos e os ecos dentro do ambiente.

5 - Não deixe muitos programas rodando. Tente deixar apenas seu currículo e a janela da videochamada lado a lado, isso te ajuda a lembrar sobre seu histórico e evita do seu pc travar no meio de uma entrevista ou coisa do tipo.

30. Estratégias para conseguir as melhores vagas

É importante que você tenha em mente realmente a posição que deseja conquistar, seja qual for a linguagem de programação.

Todo dia milhares de vagas são disponibilizadas em diversos locais, então suas possibilidades são realmente muito boas. O que precisa fazer é aprender a filtrar essas vagas e encontrar a que mais se encaixa no seu perfil.

Após ter feito seu perfil nos portais mencionados anteriormente onde as empresas irão entrar em contato lhe oferecendo vagas, é importante que tenha feito os testes básicos de conhecimento de programação, principalmente se você não tem experiência em trabalhos anteriores.

Os grupos no telegram ou whatsapp que anunciam vagas precisam ser diariamente analisados, principalmente os grupos da sua linguagem de programação.

Utilize a busca dos aplicativos de grupos para pesquisar e mesmo que a vaga encontrada tenha sido disponibilizada a algum tempo, pegue o nome da empresa, pesquise no google e encontre o email de contato para encaminhar um currículo

Você pode perguntar no grupo se alguém sabe de alguma oportunidade na empresa na qual trabalham para programador X(sua linguagem de prog), aqui geralmente se alguém te chamar pode ser um novo networking e você pode até conseguir uma vaga por indicação de alguém... o que lhe dá uma ótima vantagem.

Mas não saia aplicando para todas logo de cara, primeiro pesquise sobre a empresa no google, linkedin, veja se ela tem perfil no instagram ou facebook... veja se a empresa tem algum histórico, veja as fotos publicadas, você irá notar muito as características externas da empresa, um exemplo é que se a empresa não tá no google, ou não tem informação sobre ela já é bem esquisito, se a empresa tem 4 funcionários no linkedin também. Encontre o site da empresa, veja que tipo de produto ela vende, portfólio, etc… analise bem e as dúvidas que surgirem em relação a ela anote para perguntar durante a entrevista.

Dica: Se você tem experiência: comece pelo geekhunter ou gupy onde as empresas vão atrás de você.

31. Aprender inglês e vagas no exterior

2020 foi o ano em que mais houve contratação de profissionais de tecnologia brasileiros por empresas estrangeiras, principalmente por conta da pandemia que forçou as empresas a optarem pelo trabalho remoto.

É mais barato contratar brasileiros e os estrangeiros adoram o brasileiro porque somos vistos como muito esforçados e os programadores daqui tem uma ótima base comparados com os indianos por exemplo que tem fama de serem muito mais bagunceiros na hora de escrever um bom código.

Além disso, ficou muito mais fácil trabalhar para essas empresas, através de contratos via abertura de CNPJ você consegue regularizar seus ganhos no país.

Muitos com pouco tempo já conseguem vistos de trabalho e optam por se mudar do Brasil.

Imagine que você pode aumentar milhares de vezes suas oportunidades de conseguir uma vaga de trabalho se considerar aplicar para empresas em qualquer lugar do mundo em vez de se limitar a empresas do Brasil.

O inglês é a chave para estas oportunidades e deve ser uma prioridade do programador atual. Domine uma linguagem de programação, tenha um inglês pelo menos intermediário ou (upper intermediate) e abrace um mundo de oportunidades.

Para aprender inglês e ter resultados rápidos e significativos é preciso estudar quase todos os dias.

Evite fazer cursos longos de anos durante uma ou duas vezes na semana pois seu cérebro não grava e você leva uma eternidade para ficar bom.

Aposte em fazer um intensivo, se possível com professor particular ou online, onde você possa acessar diariamente uma aula e praticar.

Escreva apresentações em português como se fosse você respondendo perguntas em uma entrevista. Depois traduza o texto e pratique.

Procure cursos mais focados em conversação, como o Método Callan ou algum curso com professores estrangeiros online como o aplicativo cambly por exemplo, dessa forma você treina inglês, conversação e já fica familiarizado com o ambiente de videoconferência.

Existe um aplicativo chamado HelloTalk que faz conexão com outros estrangeiros como uma rede social, quem utiliza a plataforma está aprendendo um idioma diferente, é gratuito e muito dinâmico. Você publica um áudio ou texto no idioma que está estudando, as pessoas irão comentar, corrigir, responder via áudio e texto. Aprendo muito principalmente gírias de outros locais.

32. Como ficar rico como programador

Como você sabe, nós programadores trocamos nosso tempo por dinheiro.

Se trabalharmos ganhamos, se pararmos de trabalhar não ganhamos.

O que acontece é que mesmo ganhando um bom salário, fazendo horas extras, acabamos não só aumentando nossos ganhos mas aumentando nossas despesas.

Comprando coisas, assumindo responsabilidades e com filhos e família as coisas ficam ainda mais complicadas e isso não traz a riqueza que imaginamos.

A grande sacada está em construir uma renda mensal ou como chamam os especialistas, uma renda passiva... que não dependa de trocar nosso tempo por dinheiro.

Como programadores temos vantagem nisso pois podemos criar softwares que vendem serviços, e que podem ser escaláveis (SaaS) ou aplicativos móveis que cobram mensalidades ou possuem anúncios.

O que recomendo é começar criando um Micro Saas, algo que está ficando mais conhecido recentemente por se caracterizar como um serviço fácil de manutenção.

Como se fosse um SaaS reduzido focado em um nicho de mercado, por exemplo uma plataforma de agendamentos que cobra assinatura mensal no plano premium onde o usuário cria uma agenda e permite que pessoas agendem horários com ele.

Micro Saas é um termo novo e traz um conceito de liberdade, você é dono de um sistema simples, escalável e que pode até ser desenvolvido durante um estudo além disso deve ser de fácil manutenção.

Também podemos gerar uma renda muito boa produzindo cursos para ajudar outros desenvolvedores a evoluir em determinada tecnologia. Você não precisa ser um especialista para começar, pode ir criando seus cursos conforme vai estudando e aprendendo.

Você também pode começar poupando pelo menos 10% do seu salário aplicando em um fundo de investimento, e depois de um tempo utilizar essa grana para alavancar seu produto, curso, serviço, aplicativo.

Tenho costume de pesquisar esses assuntos na comunidade do indie hackers ou no product hunt, onde devs/empreendedores lançam seus produtos e idéias.

Visite:

https://www.indiehackers.com/

https://www.producthunt.com/

Meu Instagram:

https://www.instagram.com/remote.doug/

Meu twitter: https://twitter.com/remote_doug

33. Ferramentas e aplicativos do programador remoto

- https://www.notion.so/ - Organizador de documentos e projetos
- https://trello.com/ - Quadro KanBan - Controle de atividades
- https://toggl.com/ - Time tracking - Controle suas horas
- Conta google (email, calendário, drive) - Organize-se
- https://whimsical.com/ - Crie diagramas, mapas mentais

34. Podcasts e canais do youtube

Podcast:
- Devnaestrada
- PodProgramar
- Hipsters ponto tech
- Scuba ponto dev
- Vida de programador
- Programador na véia

Canais no Youtube:
- Código fonte TV
- Programador BR
- Lucas Montano
- Filipe Deschamps
- Fabio Akita
- Rodrigo Branas
- Rocket Seat

35. Modelo de currículo brasileiro e europeu

Para criar um currículo no **formato europeu**, faça através do formulário no site https://europa.eu/ que é um padrão muito utilizado. A cover letter é obrigatória é uma apresentação sua ao recrutador, como um marketing pessoal, para que você consiga atrair a atenção do recrutador. Você precisa se apresentar, falar sobre você e suas principais qualificações. Inicialmente, dirija-se à pessoa que receberá a carta. É importante você citar exatamente o nome de quem irá ler sua apresentação ou seja você irá escrever uma para cada vaga que estará aplicando.

Para o modelo de currículo brasileiro, faça uma cópia do modelo e adicione suas informações. Gosto deste modelo pela simplicidade, sempre tento deixar com apenas uma página para que seja prático.
http://bit.ly/3cL2lEQ

36. Modelo de contrato PJ

Deixei preparado o modelo que mais utilizo, é um modelo básico mas atende bem: http://bit.ly/3vKylSq

37. Agradecimentos

Primeiramente obrigado a você por adquirir meu livro dentre tantas opções , espero sinceramente que tenha te ajudado a ter mais clareza sobre a profissão de programador e te proporcione um desenvolvimento bem sucedido na carreira.

Agradeço a minha família pela paciência durante os dias em que estive focado em produzir este conteúdo e entregar meu melhor. Minha esposa Thais e meus filhos Nolan e Thomas.

Agradeço a Deus e ao universo pelas boas energias em nossas vidas e por ter me colocado nesse caminho profissional de realizações.

Também um muito obrigado a todas as empresas que me deram oportunidade e forneceram essa maravilhosa experiência e as pessoas que me indicaram como profissional (Em especial meu sogro Everaldo e a empresa Limber Software).

Ficarei feliz em receber seu feedback nas redes sociais. (instagram e twitter)

Um grande abraço,
Douglas Maehler | @remote.doug

Instagram: https://www.instagram.com/remote.doug/
Twitter: https://twitter.com/remote_doug

www.ingramcontent.com/pod-product-compliance
Lightning Source LLC
LaVergne TN
LVHW010040070326
832903LV00071B/4440